AF292744

van Gogh und ich

Sabine Baxmeier

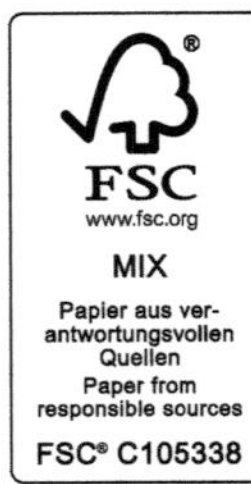

Impressum

Bibliografische Information der Deutschen Nationalbibliothek:
Die Deutsche Nationalbibliothek verzeichnet diese Publikation in der Deutschen Nationalbibliografie;
detaillierte bibliografische Daten sind im Internet über http://dnb.dnb.de abrufbar.

© 2022 Sabine Baxmeier

Herstellung und Verlag: BoD – Books on Demand, Norderstedt

ISBN: 9783756856336

Für Mama und Papa –

Eines Tages sehen wir uns auf einem anderen
Stern wieder.

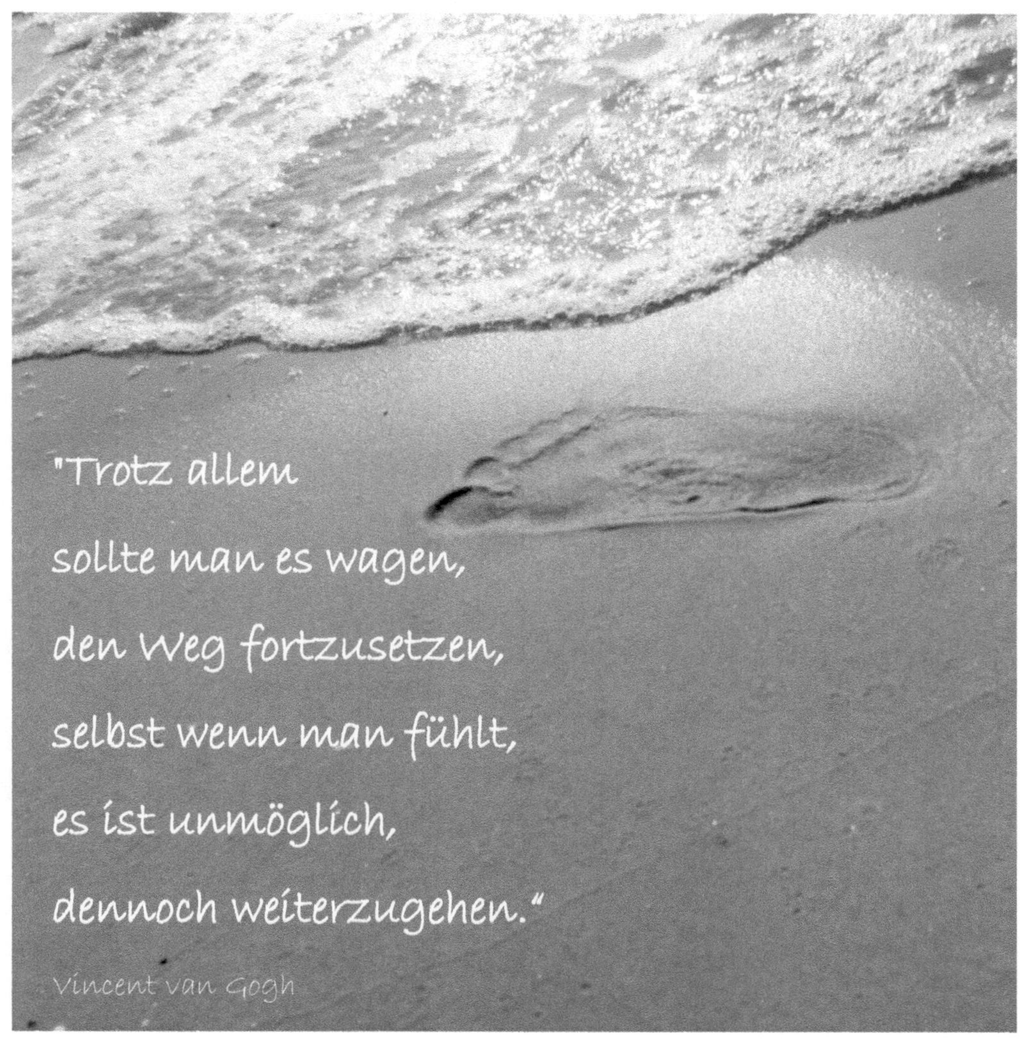

"Trotz allem
sollte man es wagen,
den Weg fortzusetzen,
selbst wenn man fühlt,
es ist unmöglich,
dennoch weiterzugehen."
Vincent van Gogh

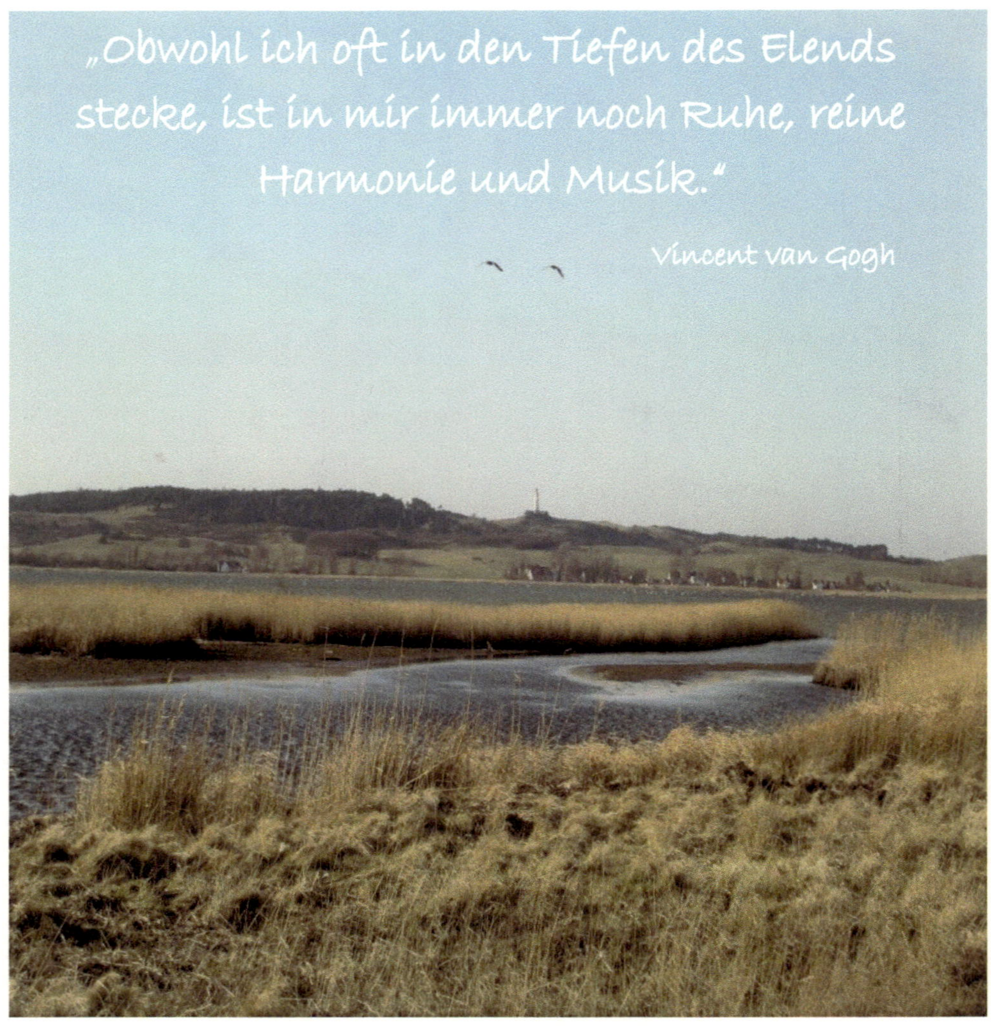
„Obwohl ich oft in den Tiefen des Elends
stecke, ist in mir immer noch Ruhe, reine
Harmonie und Musik.“

Vincent van Gogh

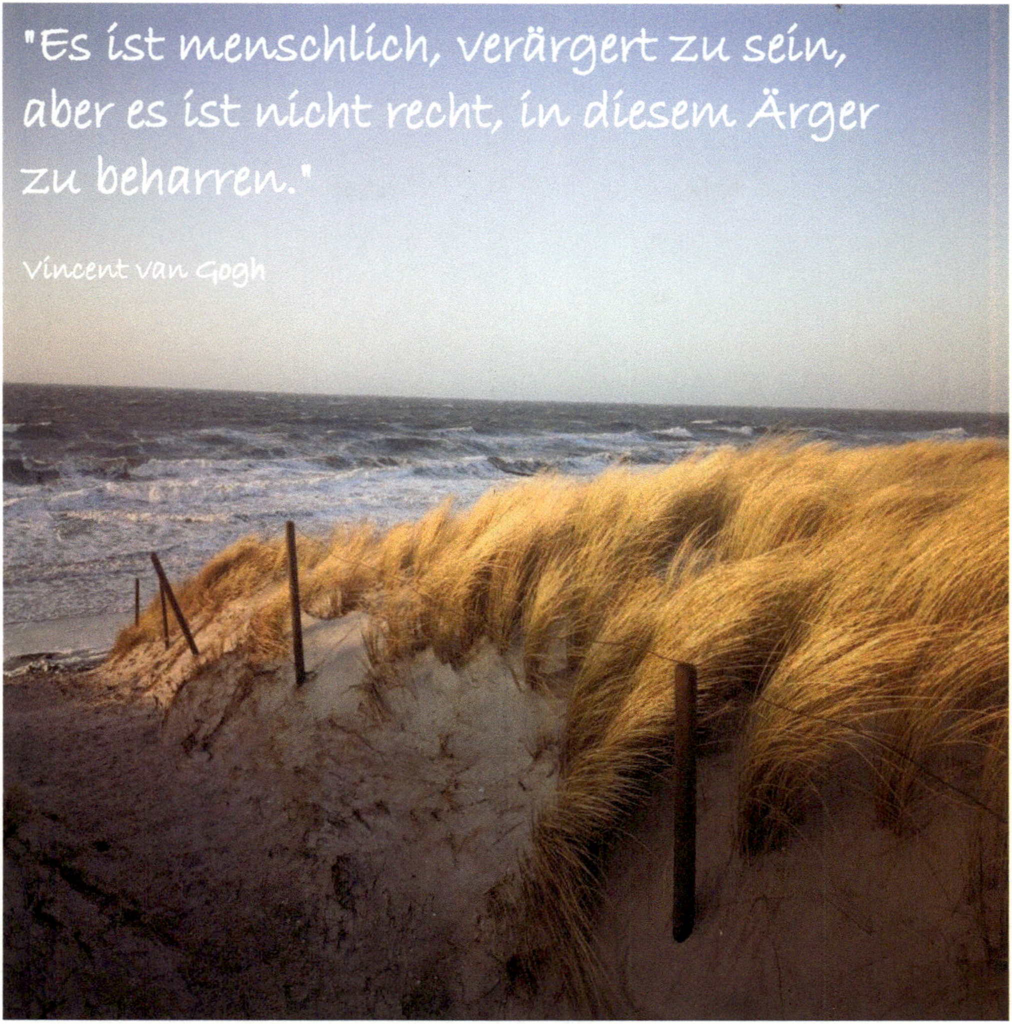

"Es ist menschlich, verärgert zu sein, aber es ist nicht recht, in diesem Ärger zu beharren."
Vincent van Gogh

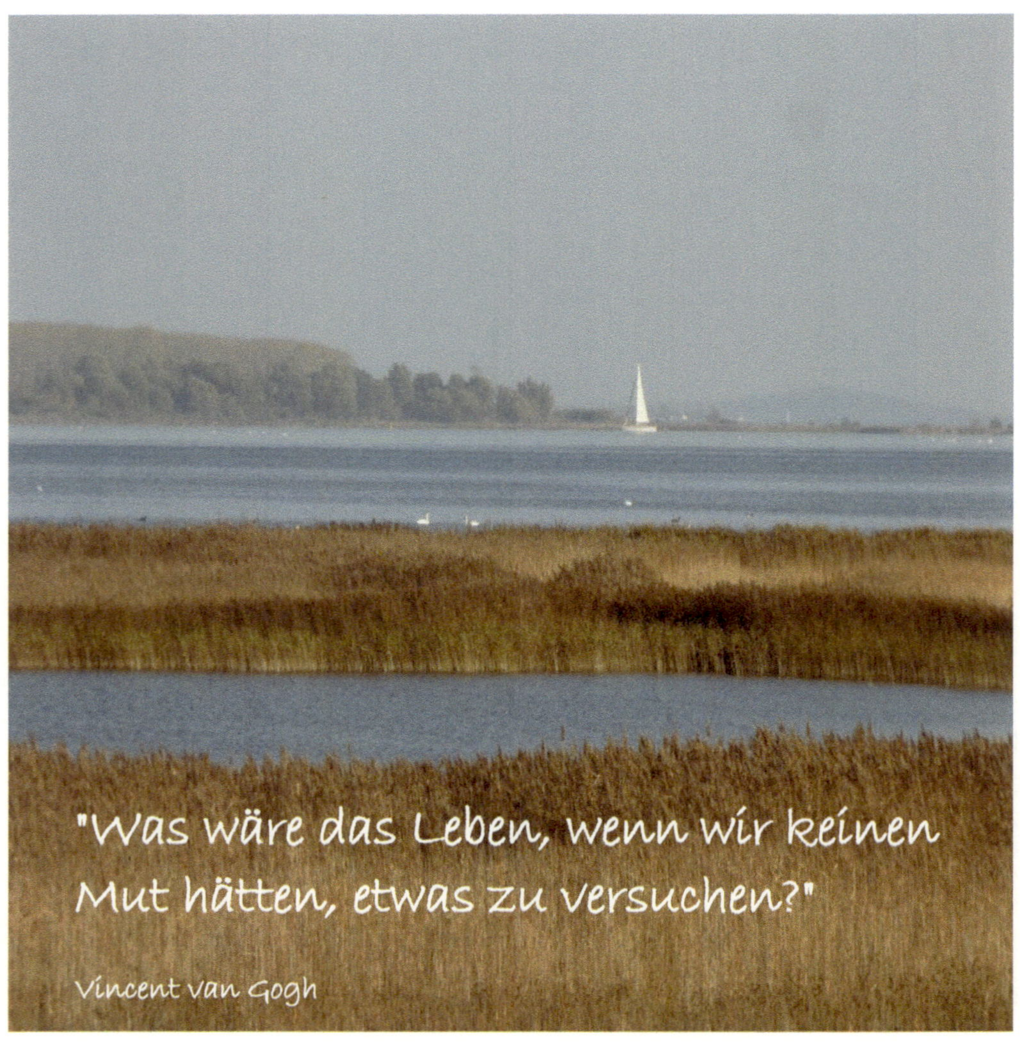

"Was wäre das Leben, wenn wir keinen Mut hätten, etwas zu versuchen?"
Vincent van Gogh

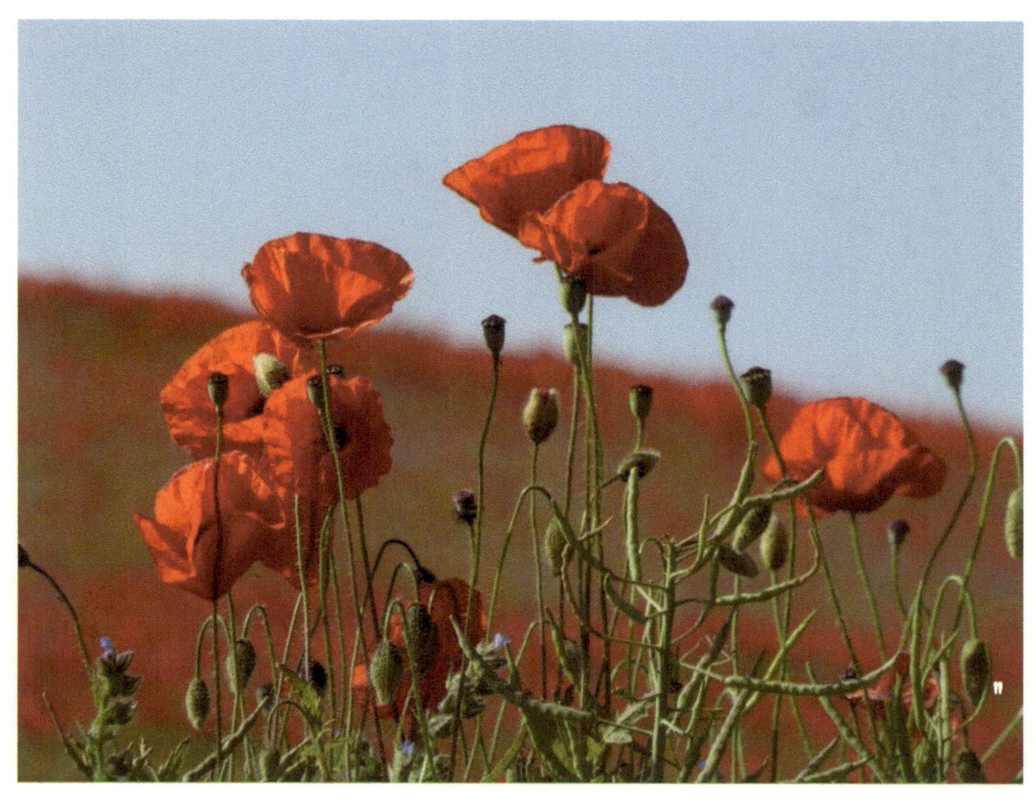

"Es ist gut, viele Dinge zu lieben, denn darin liegt die wahre Kraft, und wer viel liebt, leistet viel und kann viel erreichen, und was aus Liebe getan wird, wird gut gemacht."

Vincent van Gogh

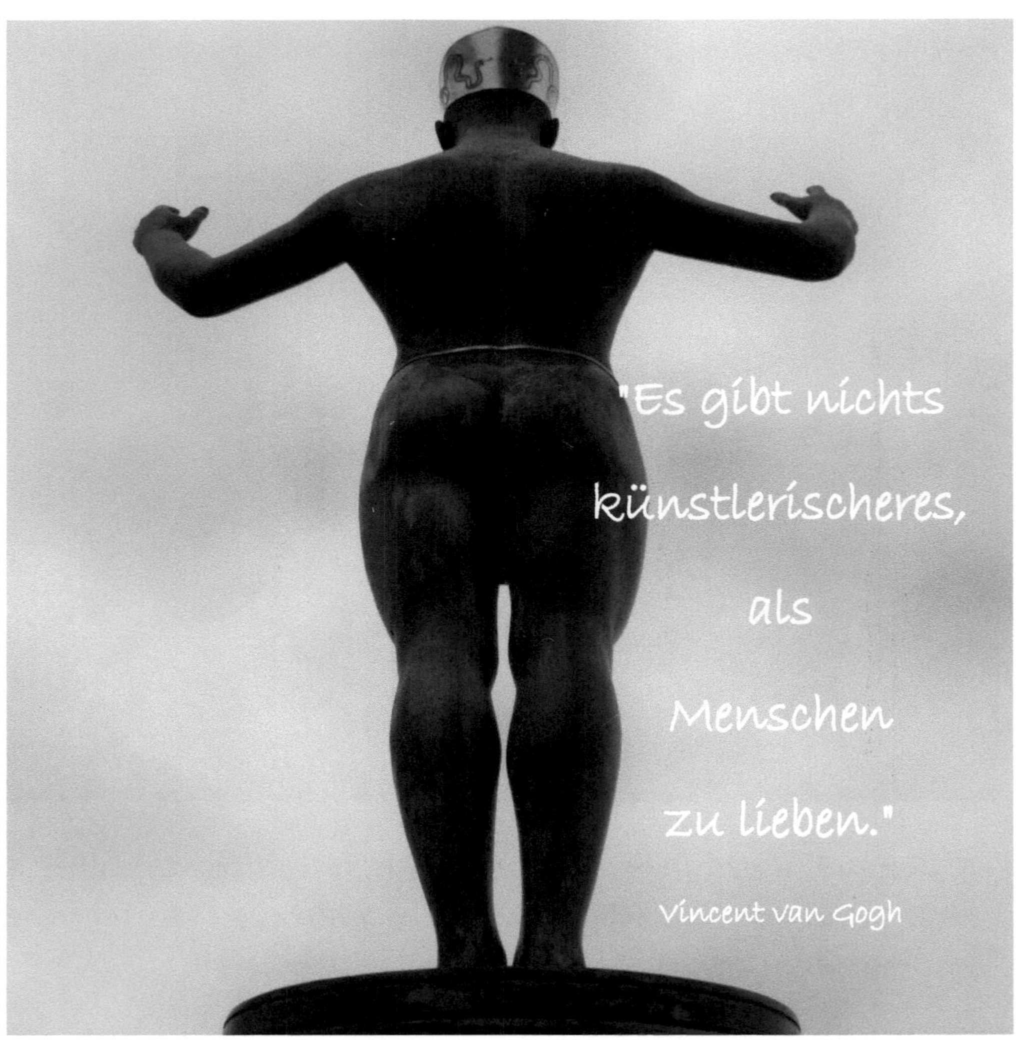

"Es gibt nichts künstlerischeres, als Menschen zu lieben."
Vincent van Gogh

12

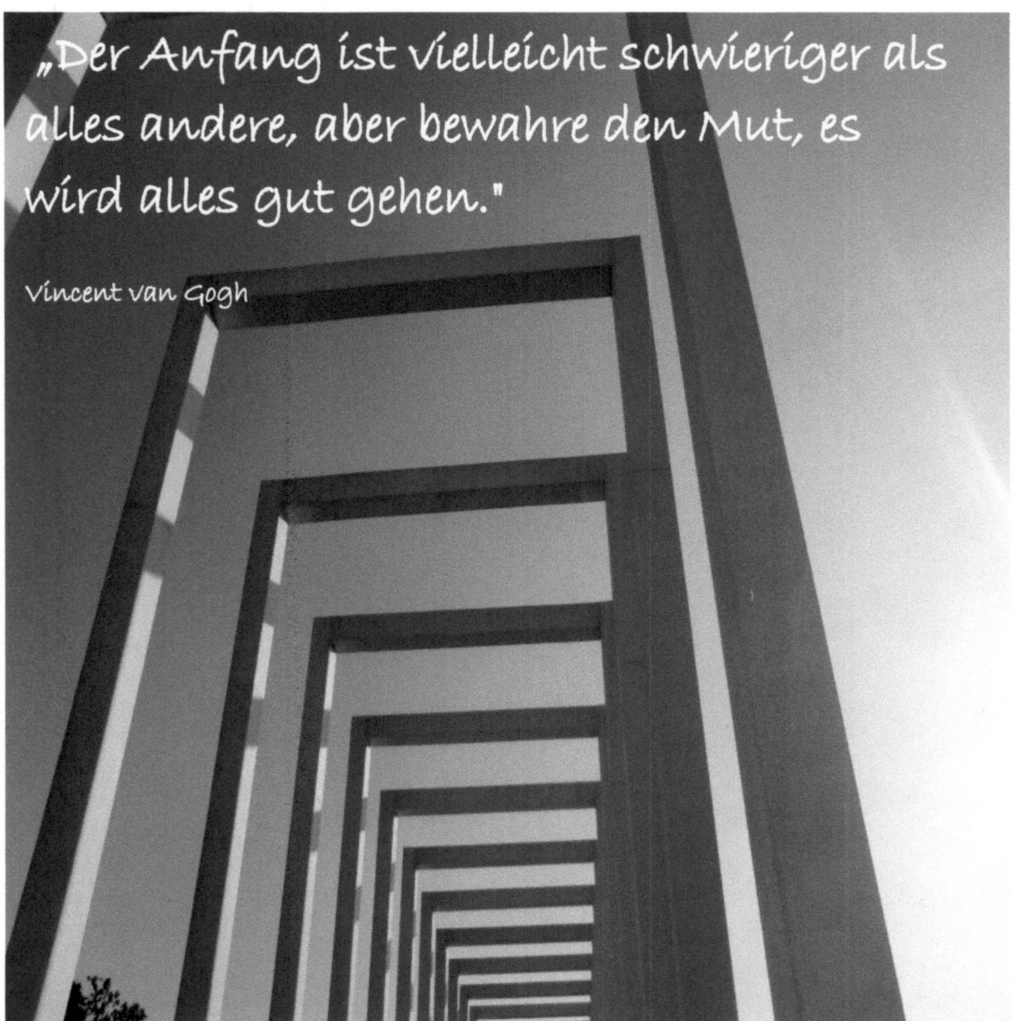

„Der Anfang ist vielleicht schwieriger als alles andere, aber bewahre den Mut, es wird alles gut gehen."

Vincent van Gogh

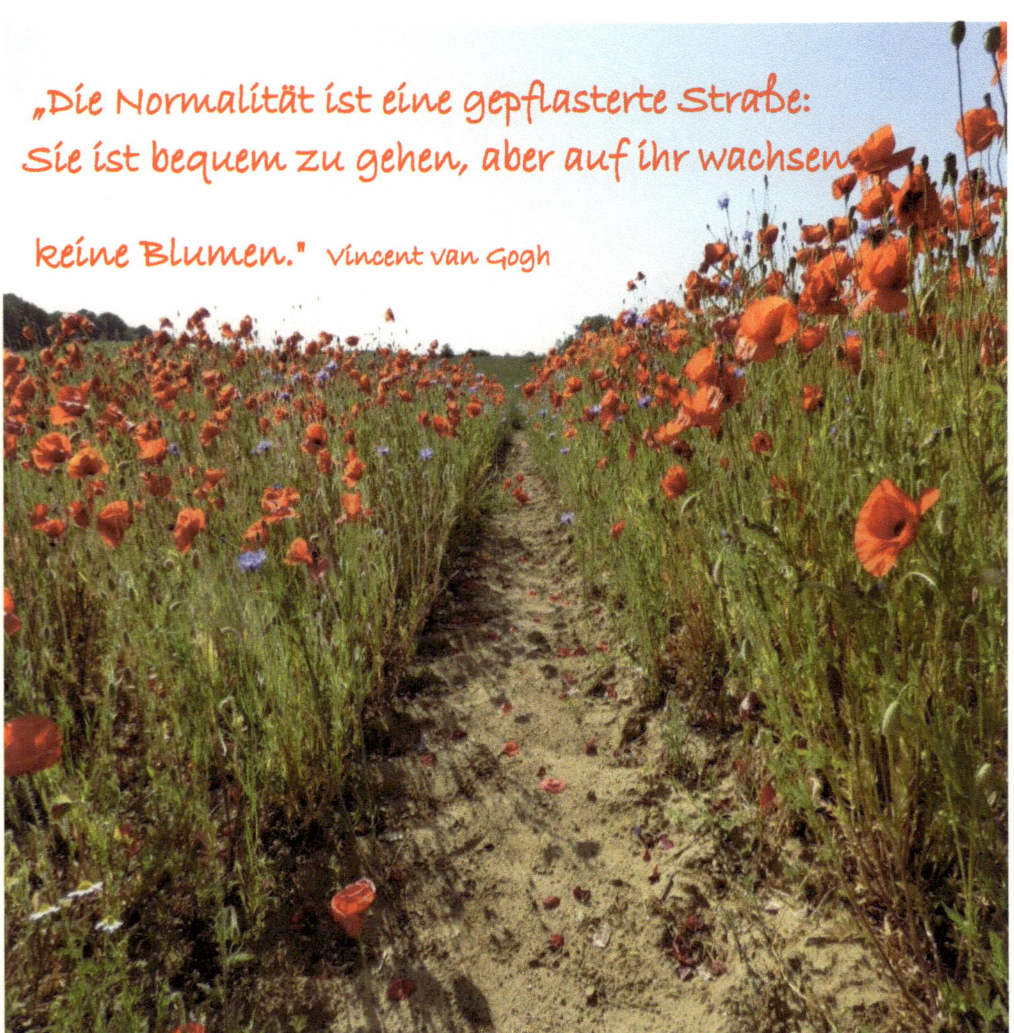

„Die Normalität ist eine gepflasterte Straße:
Sie ist bequem zu gehen, aber auf ihr wachsen
keine Blumen." Vincent van Gogh

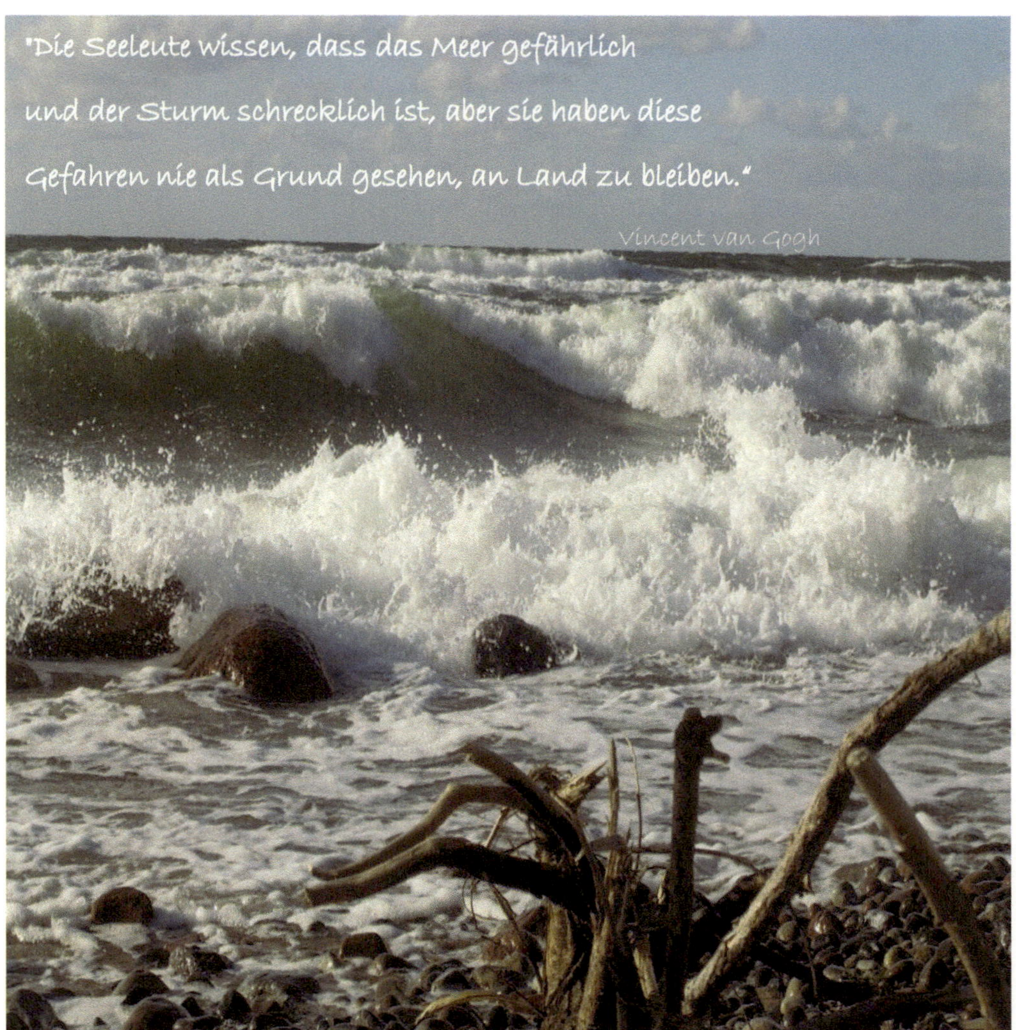

"Die Seeleute wissen, dass das Meer gefährlich
und der Sturm schrecklich ist, aber sie haben diese
Gefahren nie als Grund gesehen, an Land zu bleiben."
Vincent van Gogh

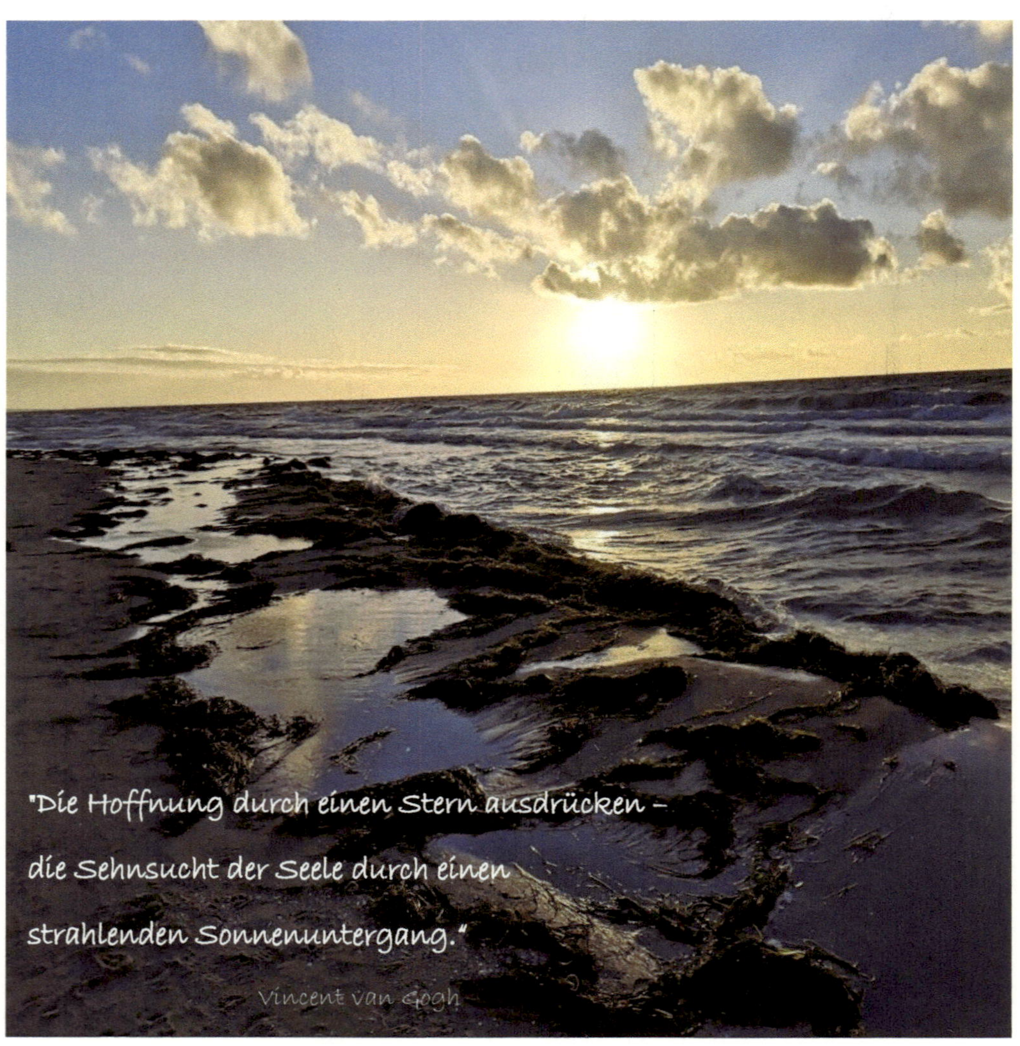

"Die Hoffnung durch einen Stern ausdrücken –
die Sehnsucht der Seele durch einen
strahlenden Sonnenuntergang."
Vincent van Gogh

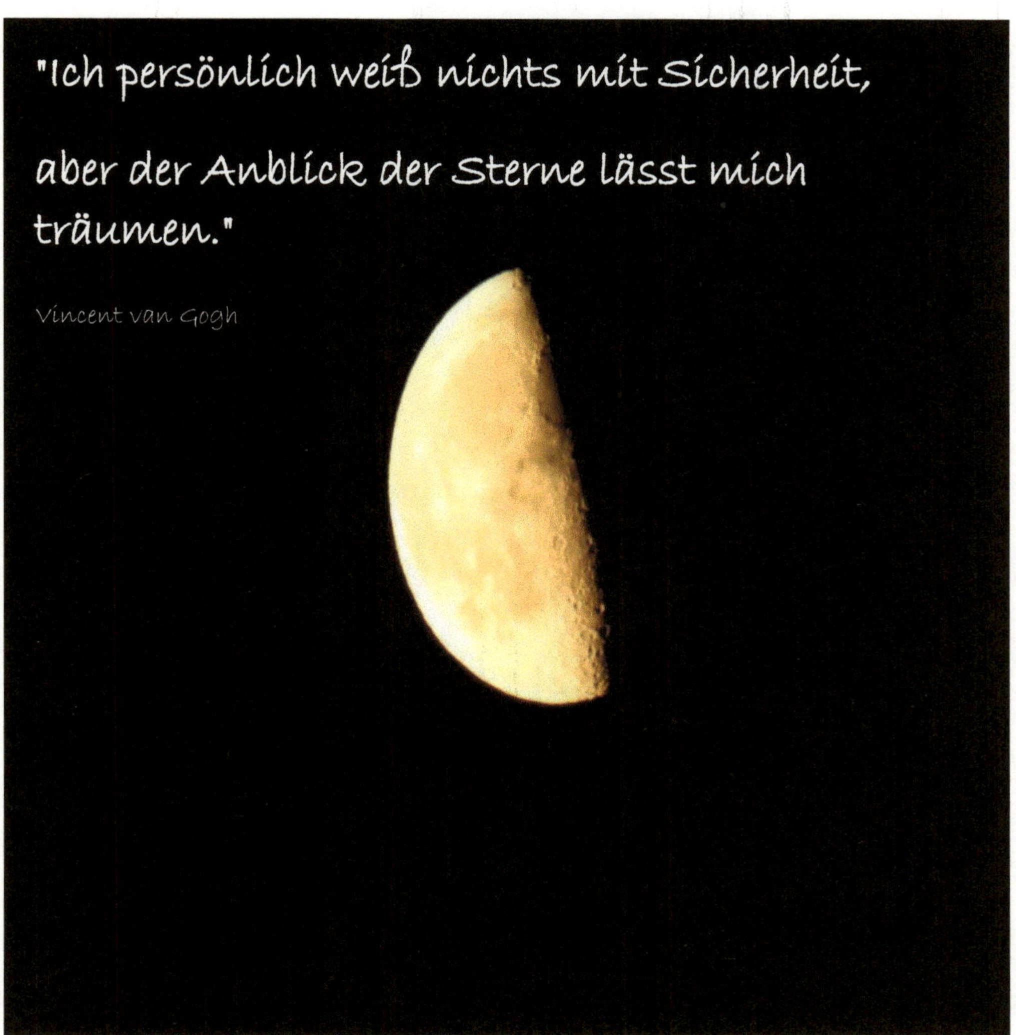

"Ich persönlich weiß nichts mit Sicherheit,

aber der Anblick der Sterne lässt mich

träumen."

Vincent van Gogh

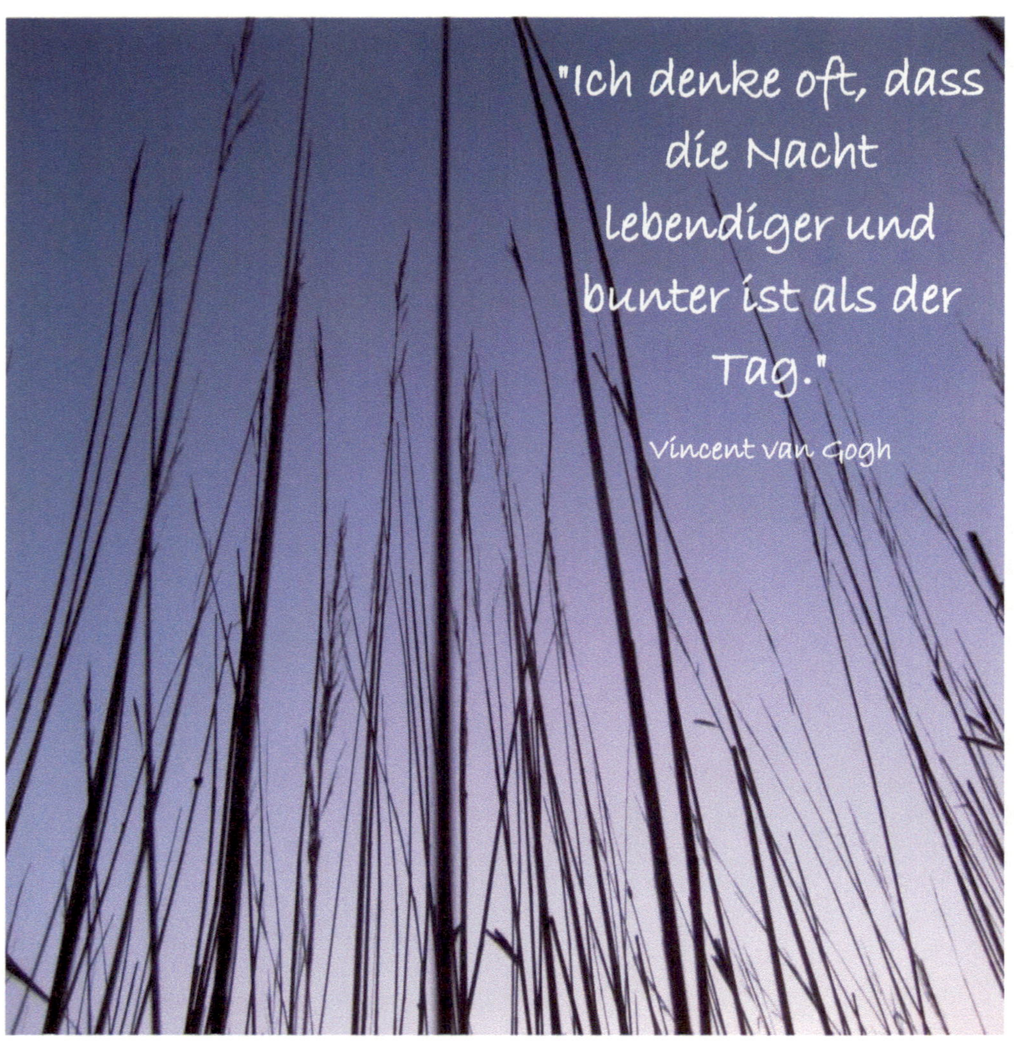

"Ich denke oft, dass
die Nacht
lebendiger und
bunter ist als der
Tag."
Vincent van Gogh

18

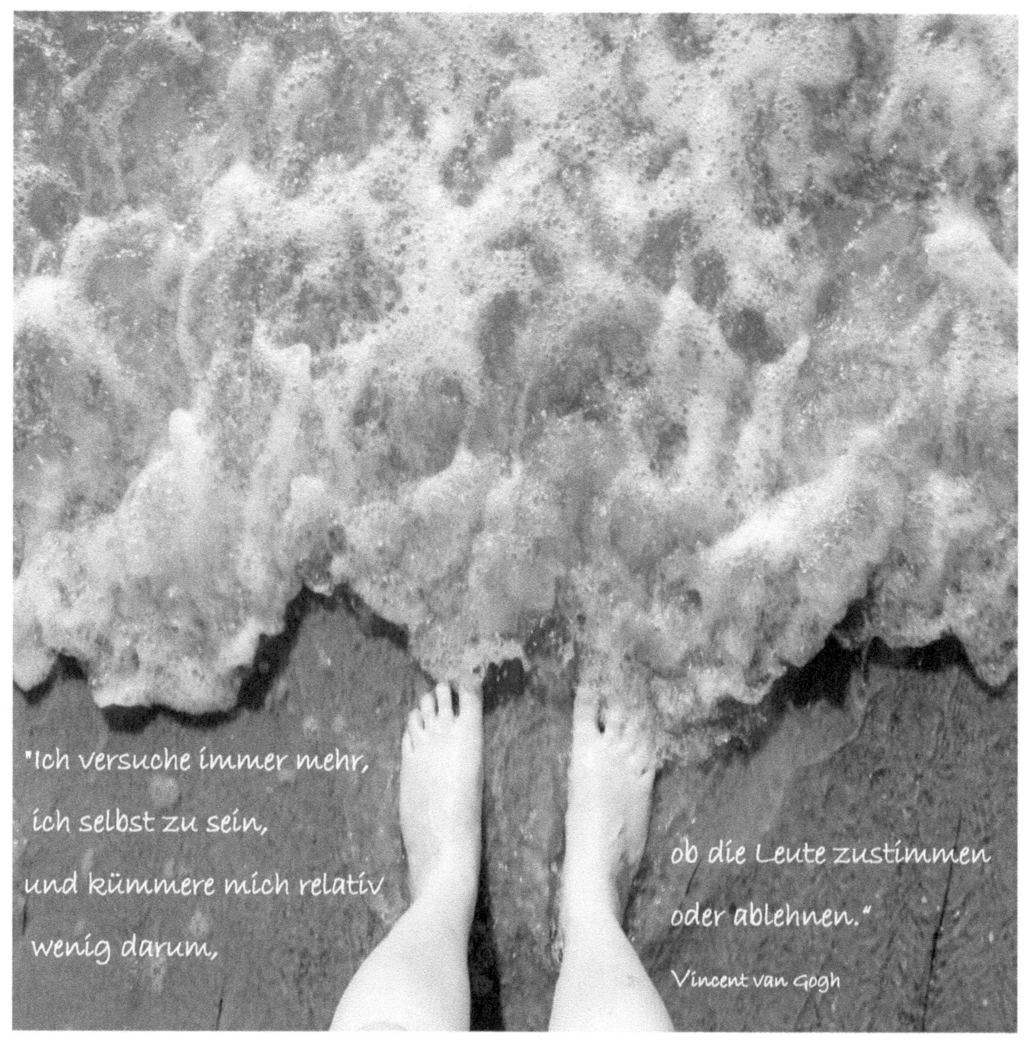

"Ich versuche immer mehr,
ich selbst zu sein,
und kümmere mich relativ
wenig darum,
ob die Leute zustimmen
oder ablehnen."
Vincent van Gogh

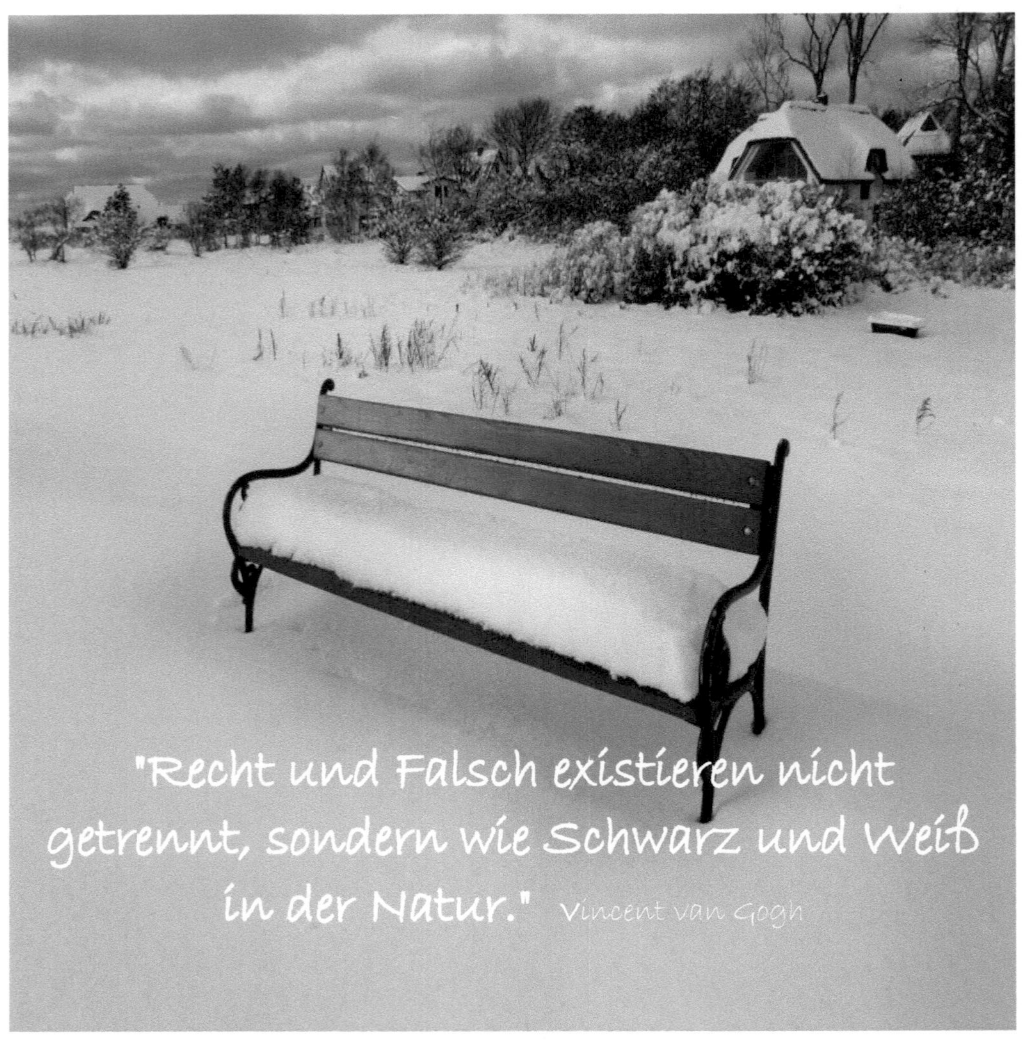

"Recht und Falsch existieren nicht getrennt, sondern wie Schwarz und Weiß in der Natur." Vincent van Gogh

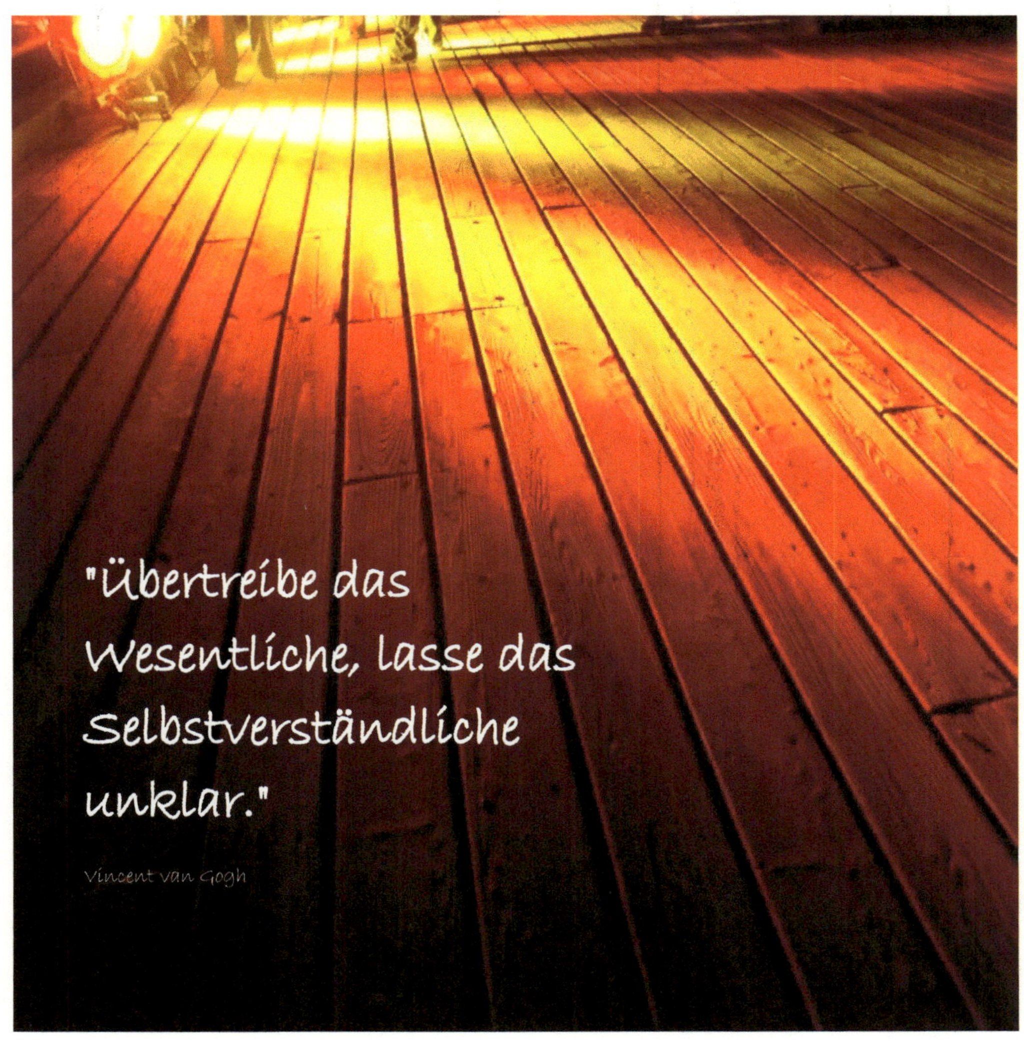

"übertreibe das Wesentliche, lasse das Selbstverständliche unklar."
Vincent van Gogh

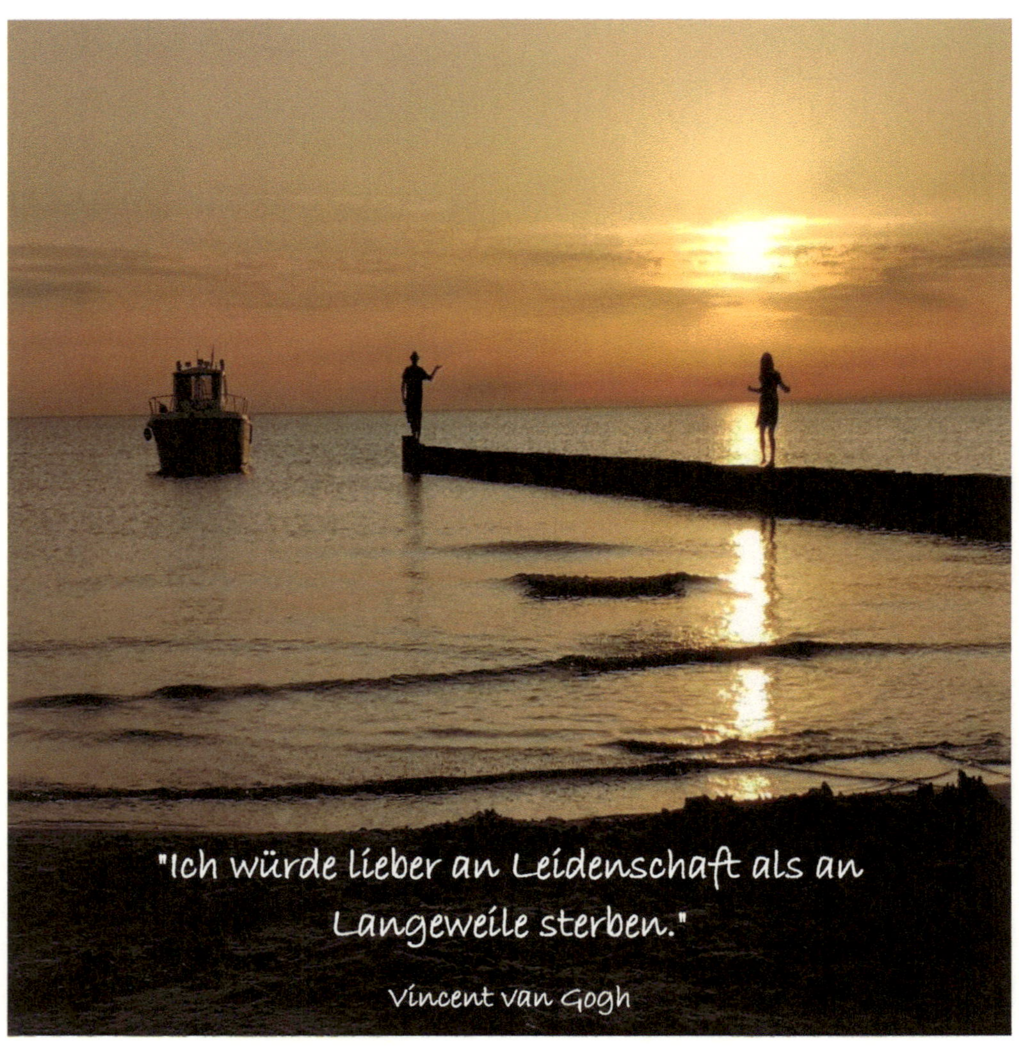

"Ich würde lieber an Leidenschaft als an Langeweile sterben."

Vincent van Gogh

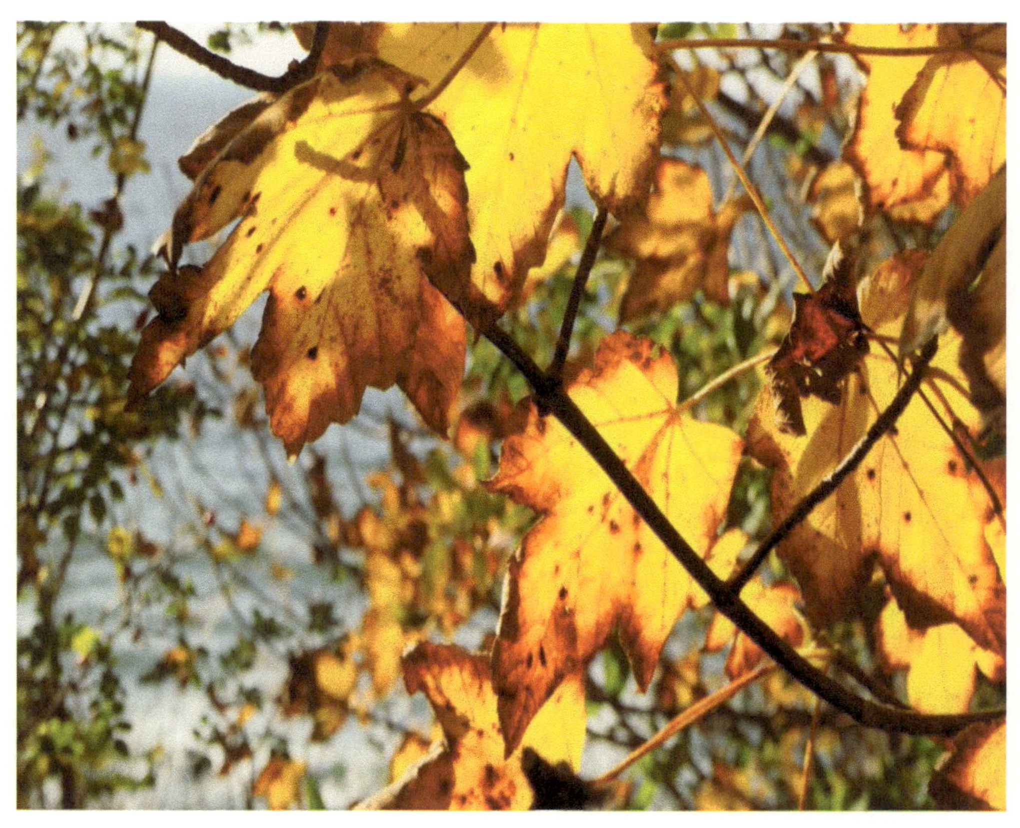

"Wenn du eine innere Stimme hörst, die sagt: 'Du kannst nicht malen', dann male auf jeden Fall, damit diese Stimme zum Schweigen gebracht wird." Vincent van Gogh

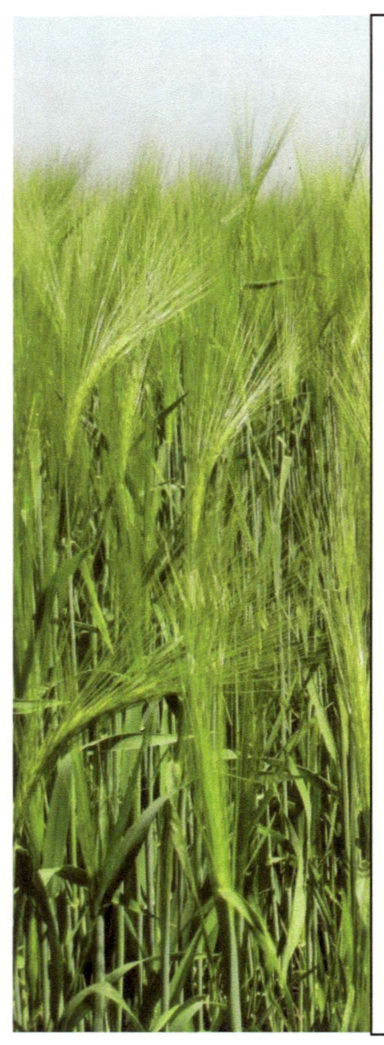
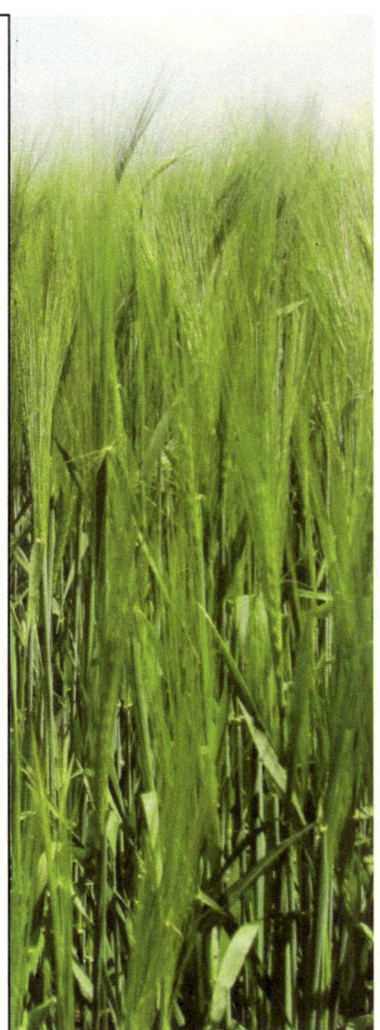

"Wenn ich
später etwas
wert bin,
bin ich jetzt
etwas wert.
Denn
Weizen ist
Weizen,
auch wenn
die
Menschen
anfangs
denken,
dass es ein
Gras ist."

Vincent van Gogh

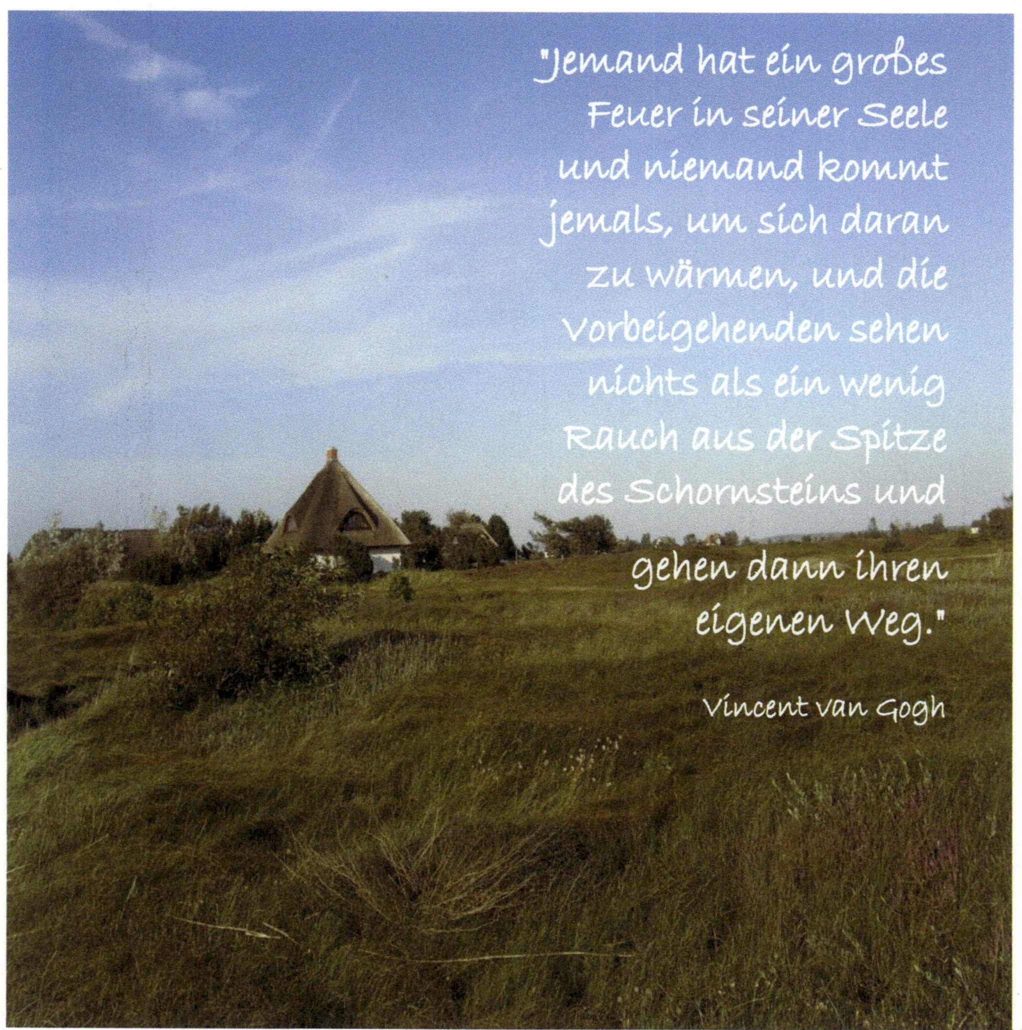

"Jemand hat ein großes Feuer in seiner Seele und niemand kommt jemals, um sich daran zu wärmen, und die Vorbeigehenden sehen nichts als ein wenig Rauch aus der Spitze des Schornsteins und gehen dann ihren eigenen Weg."

Vincent van Gogh

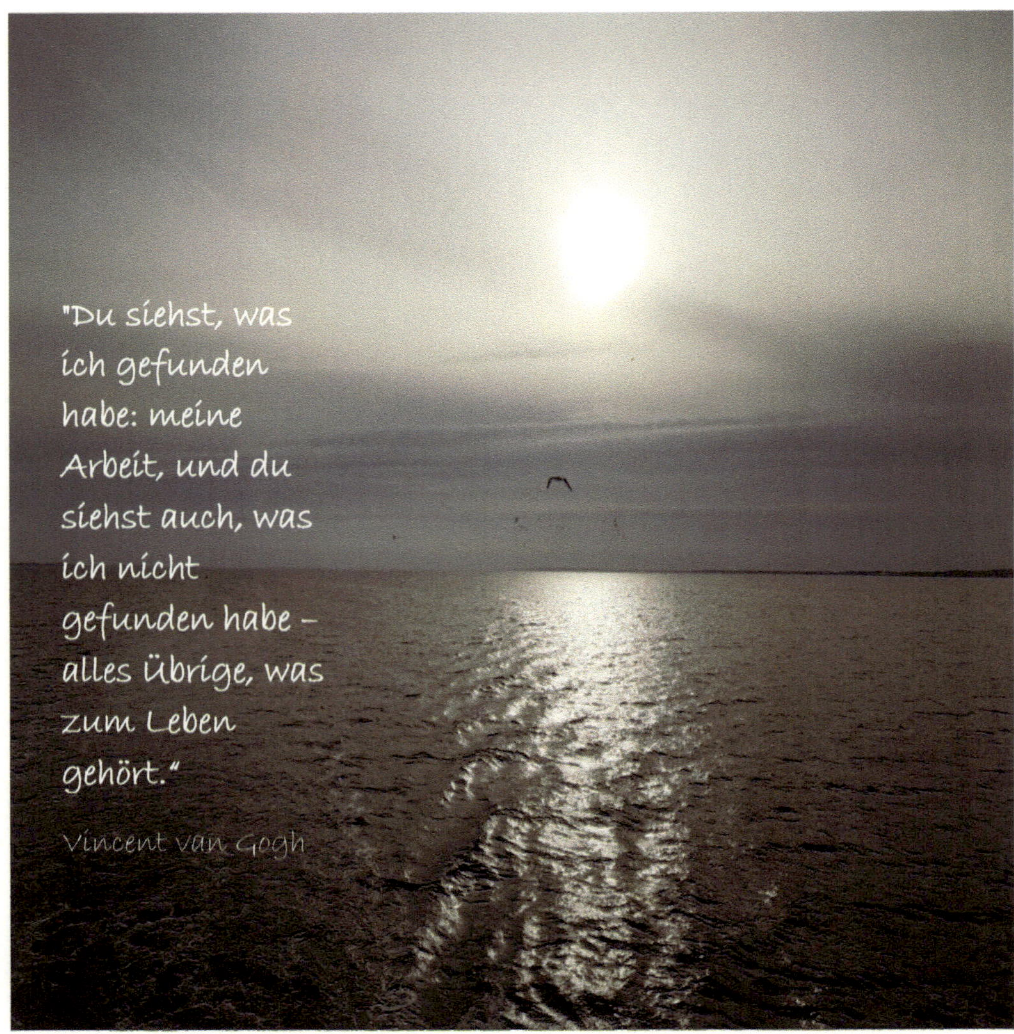

"Du siehst, was ich gefunden habe: meine Arbeit, und du siehst auch, was ich nicht gefunden habe – alles Übrige, was zum Leben gehört."
Vincent van Gogh

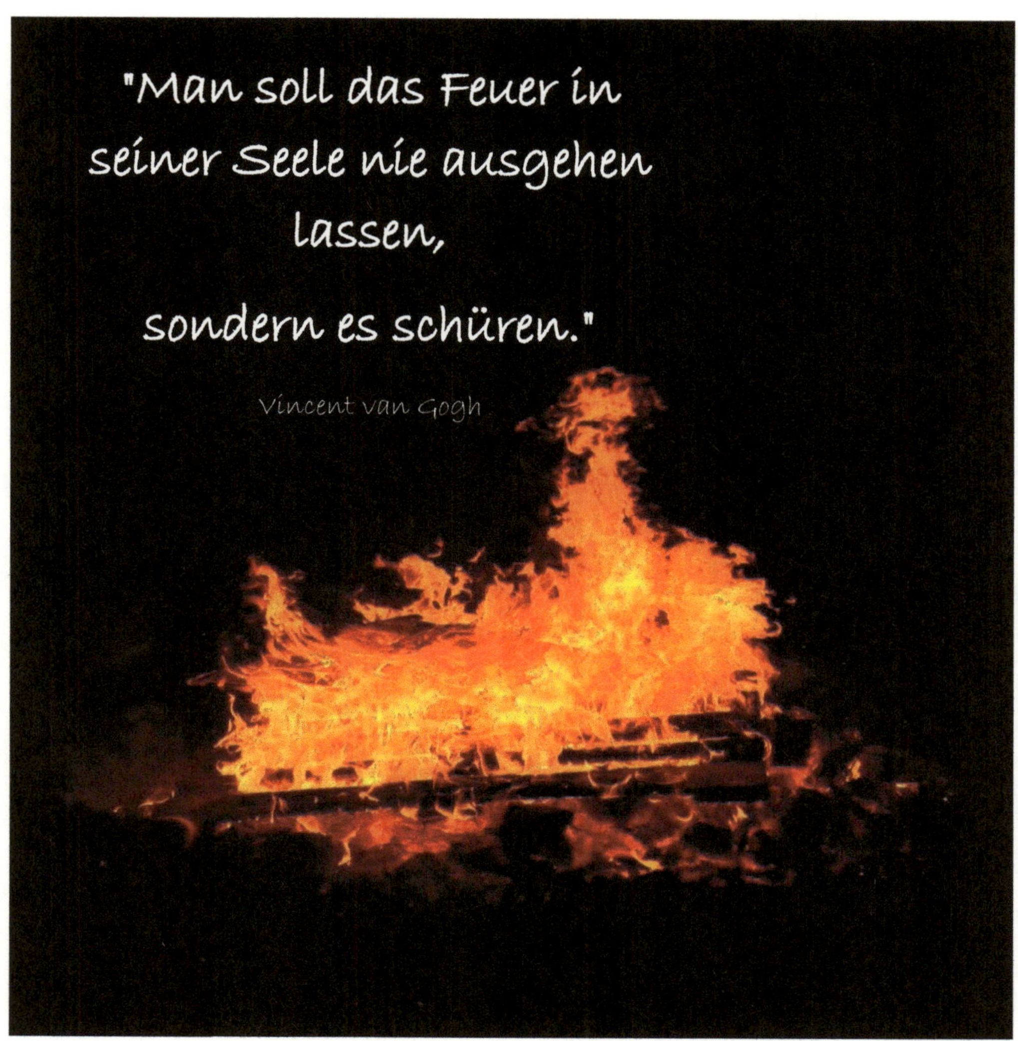

"Man soll das Feuer in seiner Seele nie ausgehen lassen, sondern es schüren."
Vincent van Gogh

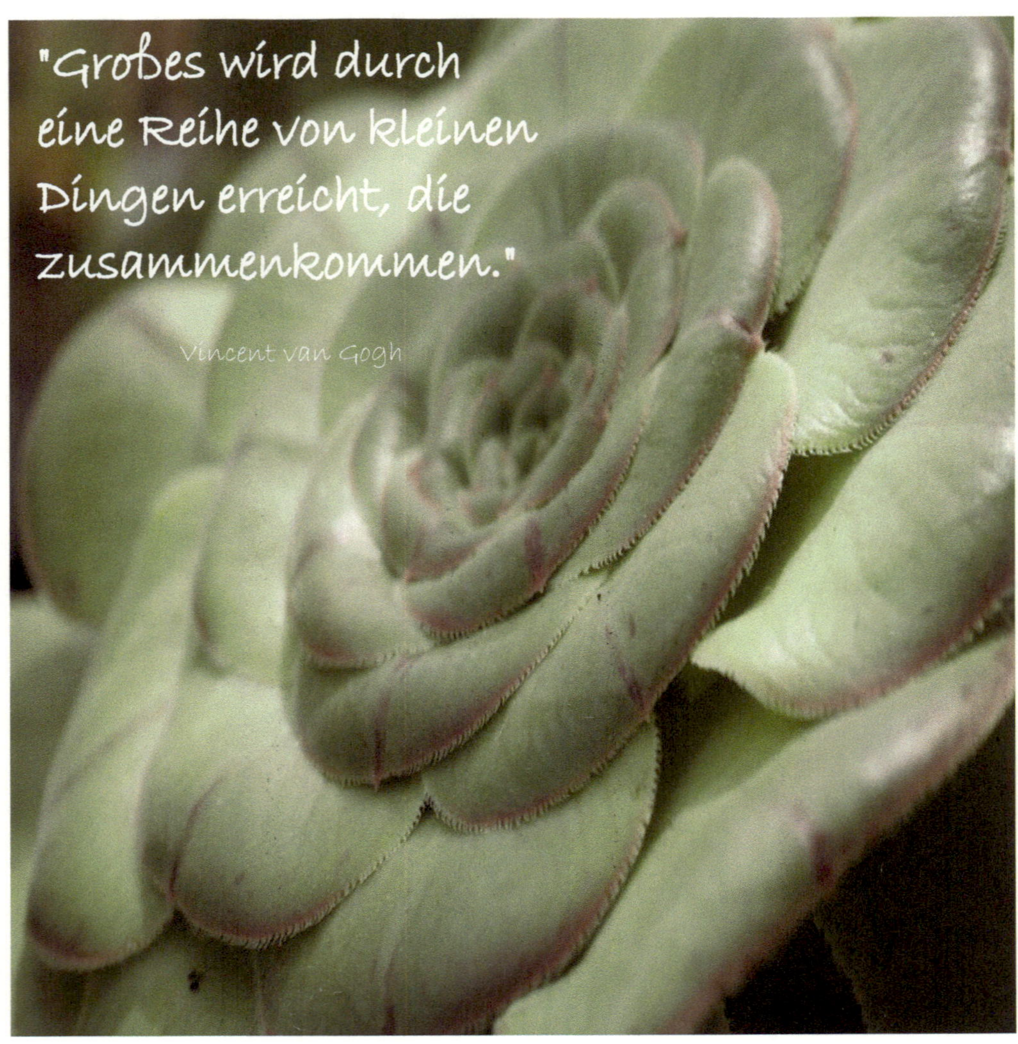

"Großes wird durch
eine Reihe von kleinen
Dingen erreicht, die
zusammenkommen."

Vincent van Gogh

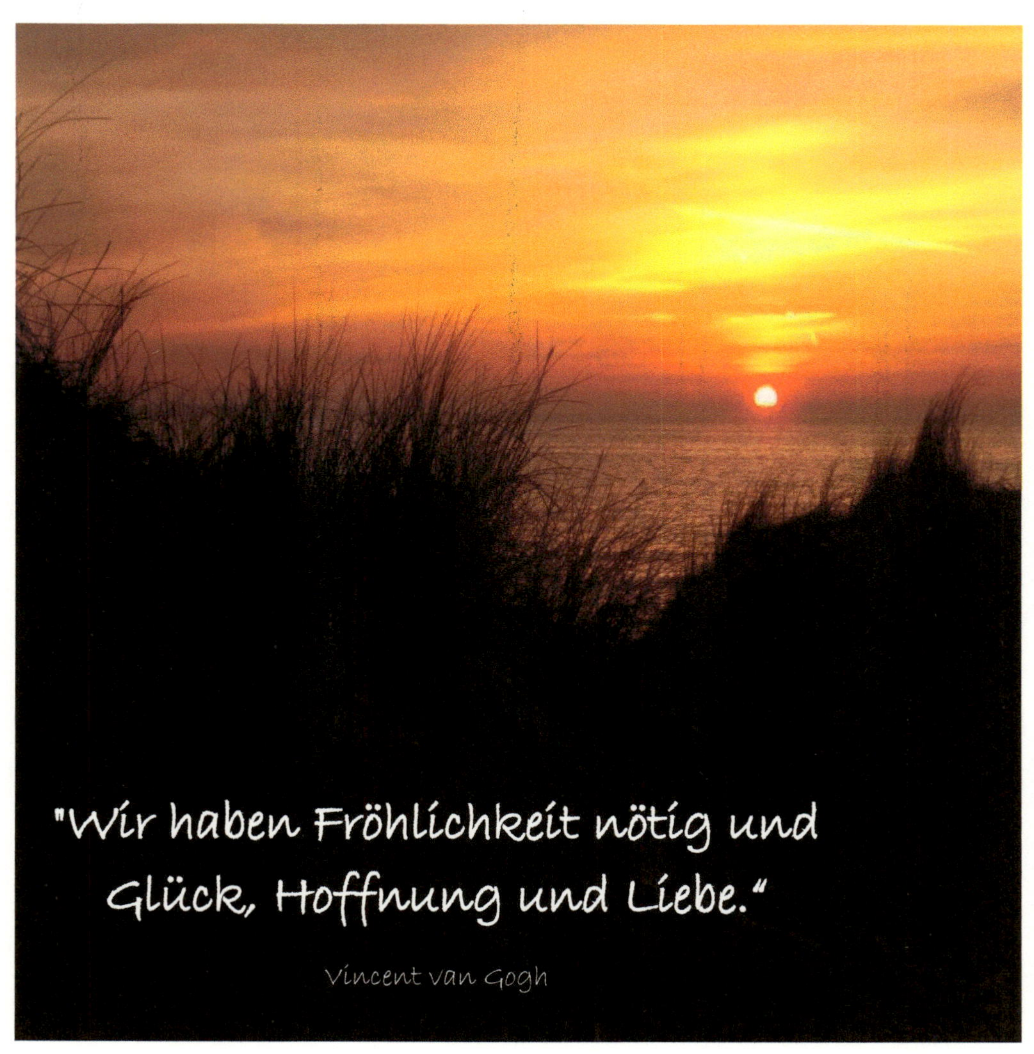

"Wir haben Fröhlichkeit nötig und Glück, Hoffnung und Liebe."
Vincent van Gogh

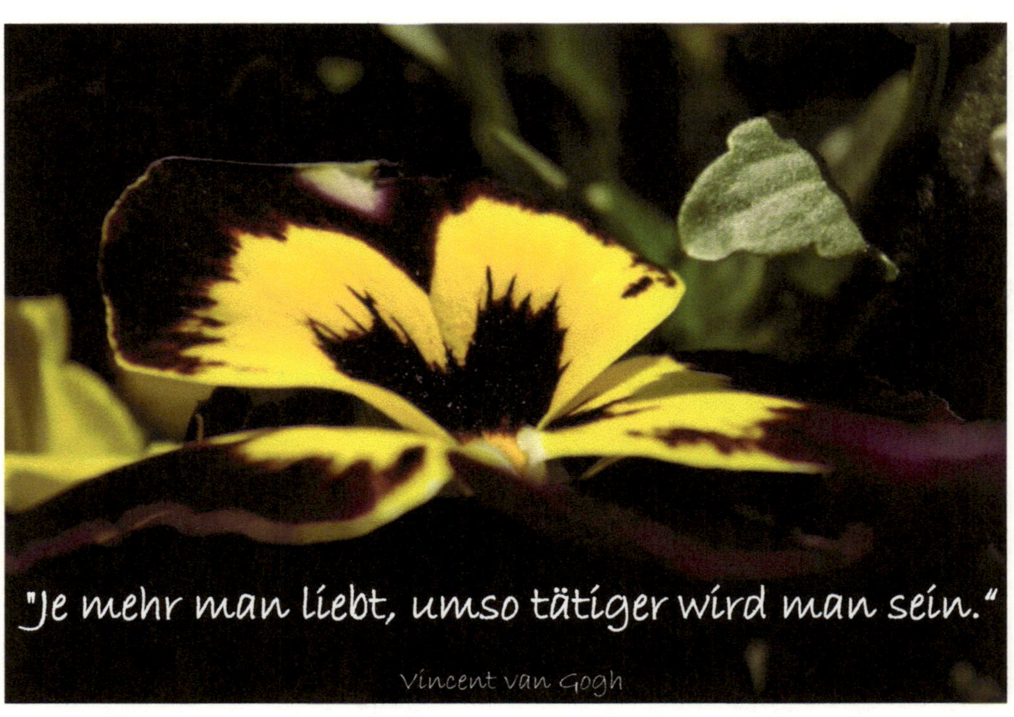

"Je mehr man liebt, umso tätiger wird man sein."

Vincent van Gogh

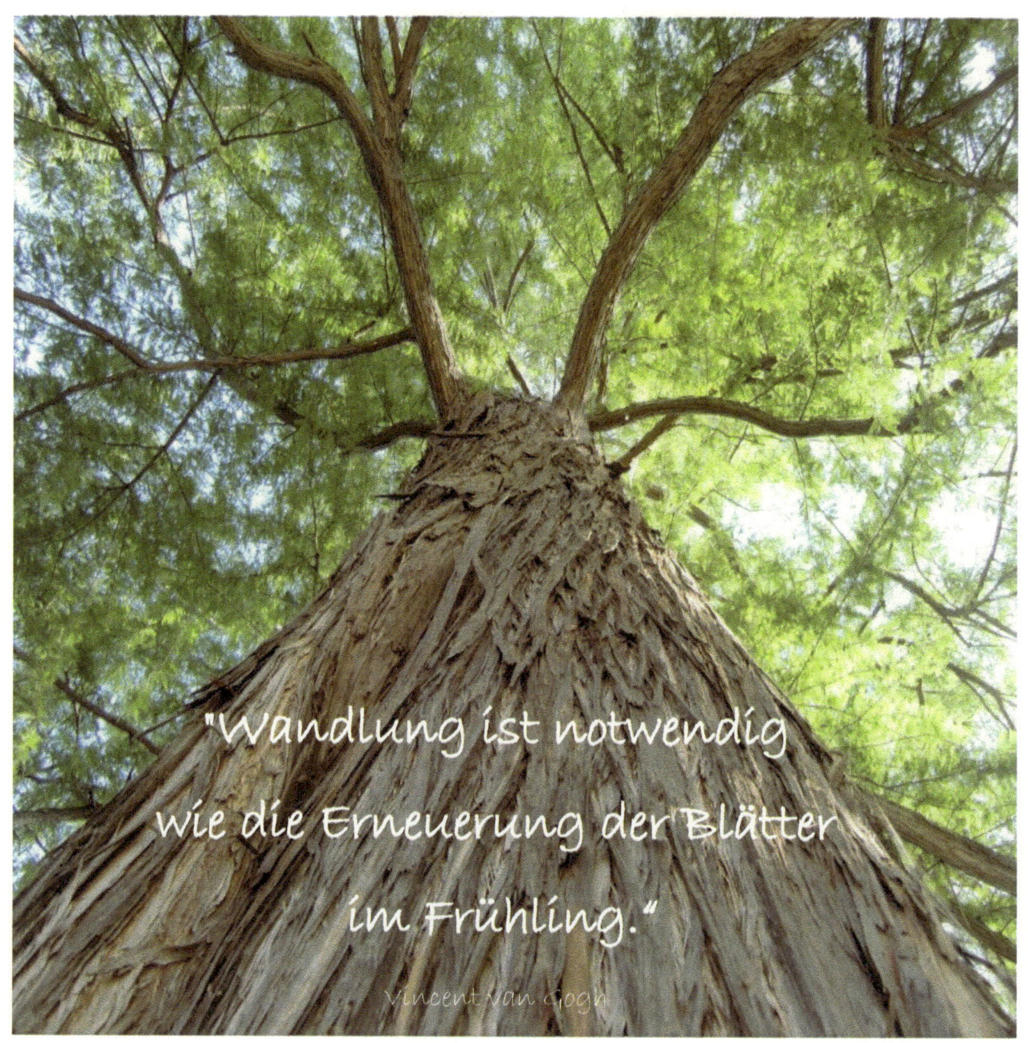

"Wandlung ist notwendig
wie die Erneuerung der Blätter
im Frühling."
Vincent van Gogh

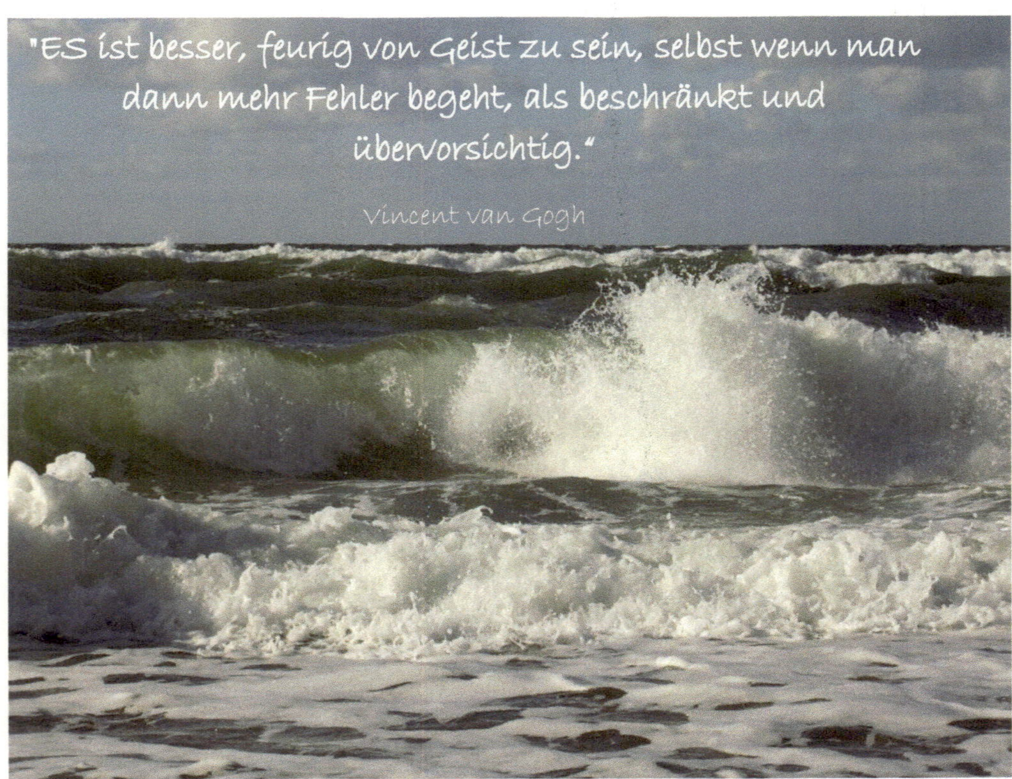

"ES ist besser, feurig von Geist zu sein, selbst wenn man dann mehr Fehler begeht, als beschränkt und übervorsichtig."

Vincent van Gogh

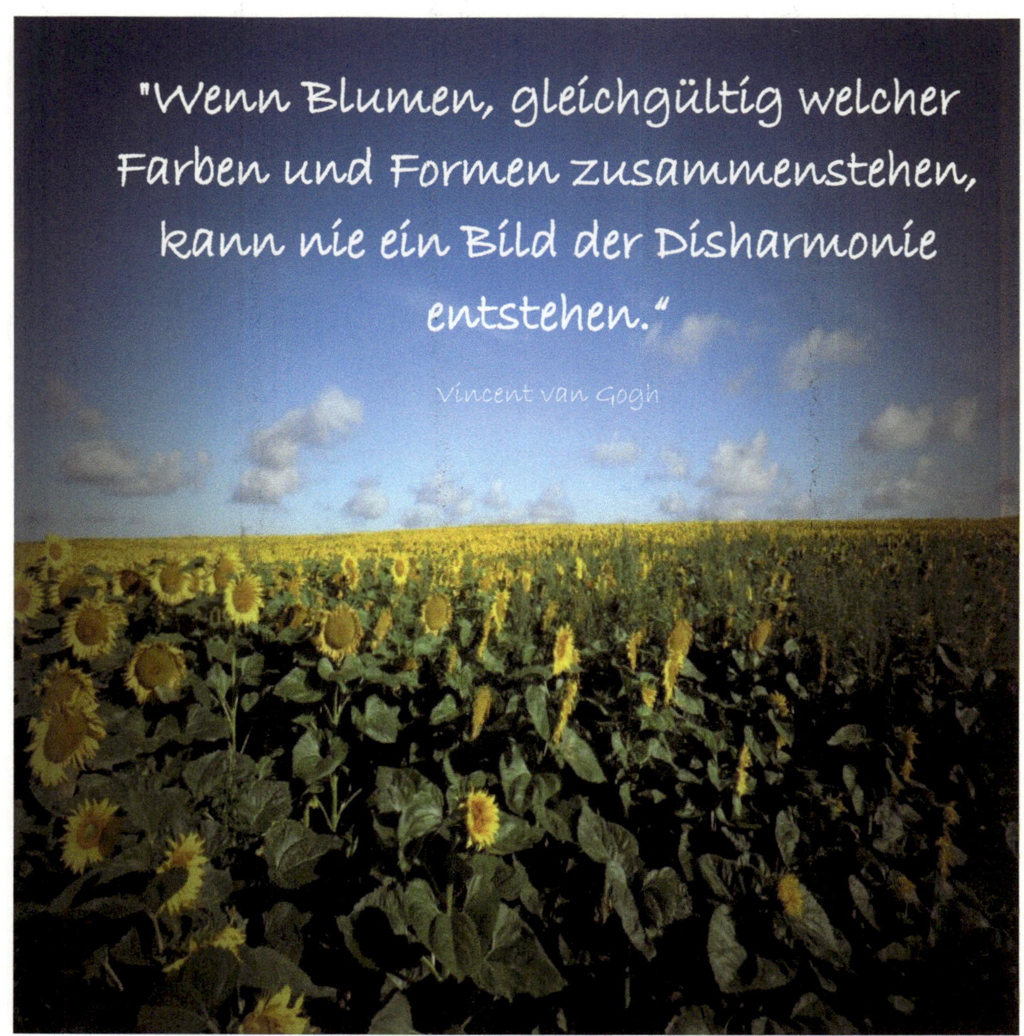

"Wenn Blumen, gleichgültig welcher Farben und Formen zusammenstehen, kann nie ein Bild der Disharmonie entstehen."
Vincent van Gogh

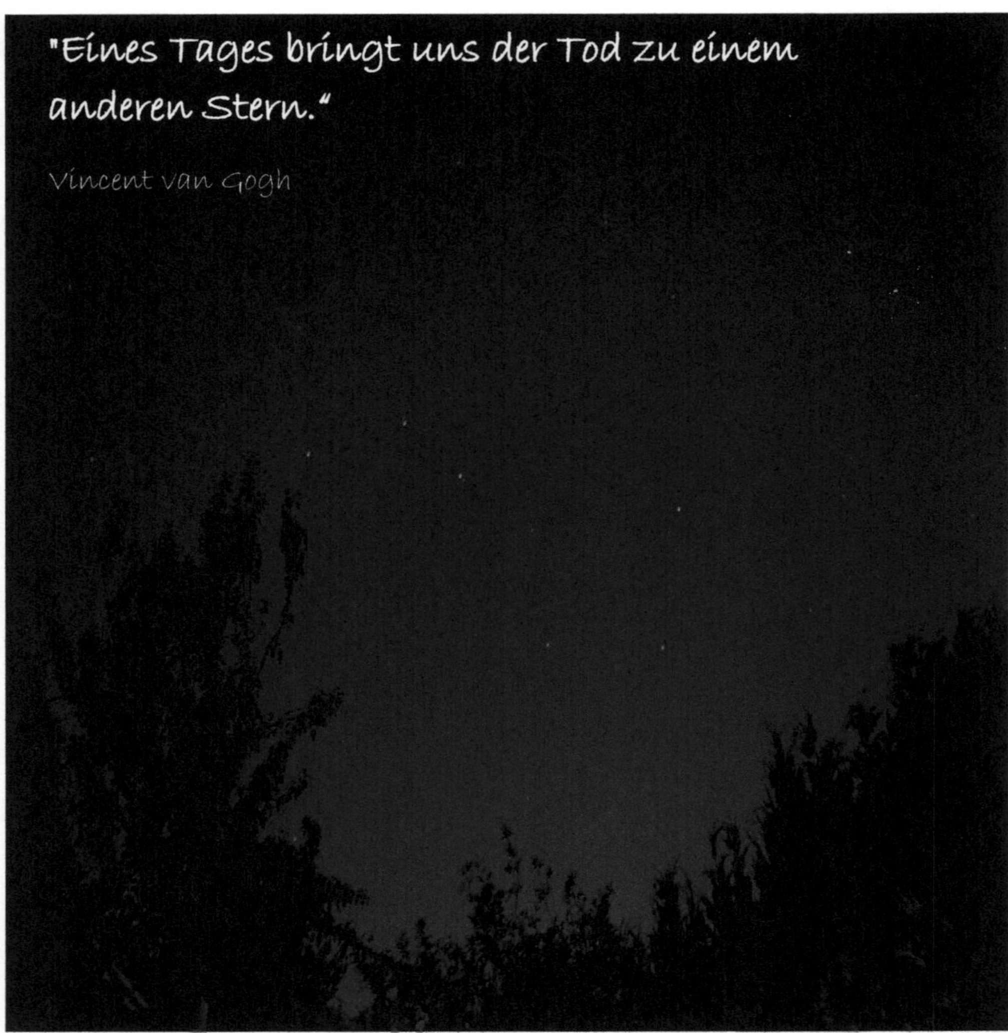

"Eines Tages bringt uns der Tod zu einem anderen Stern."
Vincent van Gogh